NOTICE

SUR

LE CHANOINE

Claude ROUSSELET

DERNIER ABBÉ DE SAINTE-GENEVIÈVE

A propos d'une toile donnée au Musée Municipal d'Orléans

Par le Docteur FAUCHON

Membre de la Société d'Agriculture, Sciences, Belles-Lettres
et Arts d'Orléans

ORLÉANS

IMPRIMERIE Auguste GOUT et Cie

PASSAGE DU LOIRET

—

1904

NOTICE

LE CHANOINE

Claude ROUSSELET

DERNIER ABBÉ DE SAINTE-GENEVIÈVE

A propos d'une toile donnée au Musée Municipal d'Orléans

PAR LE DOCTEUR FAUCHON

Membre de la Société d'Agriculture, Sciences, Belles-Lettres
et Arts d'Orléans

ORLÉANS

IMPRIMERIE Auguste GOUT et Cie
PASSAGE DU LOIRET

—

1904

(Extrait des *Mémoires de la Société d'Agriculture, Sciences,
Belles-Lettres et Arts d'Orléans.*)

LE CHANOINE CLAUDE ROUSSELET

Dernier abbé de Sainte-Geneviève

NOTICE

SUR LE

CHANOINE CLAUDE ROUSSELET

DERNIER ABBÉ DE SAINTE-GENEVIÈVE

A propos d'une toile donnée au Musée Municipal d'Orléans

MESSIEURS,

Le Destin aveugle, qui, dans les successions, préside à la répartition des lots, m'a jadis attribué un portrait, rentrant dans la catégorie de ceux communément désignés sous le nom générique de « portraits de famille ».

Cette image d'un parent inconnu, mes yeux d'enfant, l'avaient, plus d'une fois, distraitement considérée en un certain salon que ma pensée me représente comme si j'y tapageais encore ; mais le seul souvenir, plutôt vague, qu'elle éveillait en moi, c'est qu'elle représentait le dernier abbé de Sainte-Geneviève. Toute ma science s'arrêtait là, et dans mon entourage, on n'en savait pas plus. J'avoue — au risque de scandaliser mes auditeurs par la tiédeur de mes sentiments familiaux — que ce renseignement quelque peu flottant et nuageux, satisfaisait pleinement mon indifférente curiosité.

J'avais pour ce « tableau de famille » ce banal respect qu'on accorde inconsciemment aux choses du passé. J'accrochai à la muraille l'image de cet ancêtre inconnu et n'y pensai plus autrement.

Mais il arrive parfois que la destinée de l'homme le plus pacifique, le plus rangé, le plus attaché à ses habitudes journalières, le moins automobiliste, le moins explorateur africain, disons le mot, le plus bourgeois du monde, l'oblige à plier sa tente et l'aller dresser ailleurs — ou, pour me servir de termes plus vulgaires, que cette bienveillante Académie me pardonnera — l'oblige à déménager.

Dieu m'est témoin que, dans mon âme pure de toute intention malveillante, n'a jamais germé la pensée de froisser l'estimable corporation des déménageurs, mais ce me serait un réel soulagement de déclarer publiquement qu'un déménagement est une épreuve dans la vie. Le ciel a été prodigue, à mon endroit, de ces sortes d'épreuves, et le dernier abbé de Sainte-Geneviève en subit régulièrement le contre-coup. Mon vénérable ancêtre ne se contenta pas d'être le témoin de toutes mes translations, il en fut l'innocente victime, et, plus d'une fois, je craignis que celui qui avait supporté victorieusement les bourrasques de la tourmente révolutionnaire ne survécût pas à celle d'un déménagement, opéré cependant à la face du ciel, en pleine période de paix, sous le consulat débonnaire de Messieurs nos Présidents de la République.

Non seulement mon « ancêtre » sortait invariablement amoindri de ses pérégrinations involontaires, mais, quoique mon respect pour lui fût toujours le même, de nouvelles dispositions intérieures d'appartements imposaient une nouvelle destination à ce qui me restait de mon tableau

de famille : c'est ainsi, qu'après avoir connu les apo-
théoses tranquilles et sereines du salon, il dut subir le
milieu plus bruyant de la salle à manger. Dans la suite,
un nouveau changement de domicile le condamna à la
solitude d'une chambre de réserve, dont il était d'ailleurs
le plus bel ornement.

Enfin, un dernier déménagement le relégua dans la
chambre de deux jeunes écoliers, dont je me défends de
livrer les noms à l'Histoire vengeresse..... *Habent sua
fata simulacra.*

Ici, Messieurs, le drame se corse, et pour graduer vos
émotions et ménager votre sensibilité, je préfère vous
dire de suite qu'il vous faut prévoir un dénouement
quelque peu tragique.

Donc, du haut de son cadre, gardant les traces de nom-
breuses blessures, le dernier chanoine de Sainte-Geneviève, à la figure douce et bienveillante, au regard
paternel, semblait sourire aux ébats de ces deux jeunes
écoliers, et encourager leurs premiers travaux...

A tout le moins il avait droit de leur part à ces atten-
tions de banale politesse, qui se trouvent consignées
dans tous les codes de la civilité puérile et honnête, et
constituent ce qu'on appelle communément les procédés
de bonne compagnie.

Lhomond nous disait jadis, je souligne le mot : jadis,
car la savante génération actuelle l'a dédaigneusement
condamné au silence pour céder la parole à de sibylliques
grammairiens, savants comme des puits — (pourquoi
faut-il que parfois les puits, à force d'être creux, soient
aussi obscurs !) — Lhomond nous disait donc, et ceci,
même exprimé en latin, n'était pas pour nous déplaire :
Maxima debetur pueris reverentia, avec cette conviction évidente, que la réciproque s'imposait aux jeunes
latinistes. Ce que croyant, en le cas actuel, le bon
Lhomond se trompa singulièrement.

Or donc, un beau jour — est-ce bien beau jour qu'il faut dire ? — tout en reprochant à mes *alumni* leurs solécismes et leurs barbarismes, mes yeux s'égarèrent sur le portrait ancestral. Grands Dieux ! que virent-ils ? *Horresco referens* !!

Deux émules de Raphaël ou de Rembrandt — car j'ignore de quelle École ils se réclament — chez lesquels le génie de la peinture devançait le nombre des années, avaient conçu l'artistique et peu vulgaire dessein de parfaire l'œuvre du portraitiste. Pour donner une pointe d'animation et de vivacité à la béate figure du dernier abbé de Sainte-Geneviève, ils s'étaient essayés à rehausser son visage de deux mouches assassines, dont l'une, posée..... *in extremo naso*, changeait prodigieusement sa physionomie, cependant que sur sa lèvre supérieure on devinait le timide tracé d'une moustache n'attendant qu'une prochaine occasion de s'affirmer et se déployer en panache : *Sunt lacrymæ rerum.....*

Je compris, mais un peu tard, qu'il ne fallait pas laisser un jour de plus mon ancêtre, peu connu, mais digne de tous les respects, dans le voisinage de pinceaux aussi entreprenants.

Je jugeai sage de mettre le bon chanoine, qui avait tant souffert de mes pérégrinations forcées, en une retraite sûre et plus conforme à son caractère sacré, et, incontinent, je demandai à notre distingué directeur du Musée de peinture d'Orléans, de vouloir bien offrir l'hospitalité à mon vénérable ancêtre, et le mettre ainsi à l'abri des coups des barbares.

Mais encore, est-il d'usage immémorial, avant d'ouvrir sa porte, de demander à celui qui frappe qui il est et de le prier de montrer patte blanche.

A titre d'introducteur, je demandai donc pour la première fois à mon ancêtre inconnu qui il était.

Grâce à M. Tissier, l'habile restaurateur de tableaux, qui, au plus juste prix, répare des ans l'irréparable outrage et donne à nos aïeux une nouvelle jeunesse, la réponse se fit peu attendre.

Un heureux nettoyage permit au respectable et peu respecté chanoine de me répondre en latin, comme il convient à tout chanoine digne de son titre, je suis :

Claudius Rousselet, doctor in utroque jure, Facultatis parisiensis, abbas Sanctæ Genovefæ parisiensis, præpositus generalis canonicus Regens Congregationis gallicanæ.

Je ne fais pas à mes savants collègues l'injure d'une traduction. Au-dessous de cette inscription on lisait :

In mansuetudine opera sua perficiens, super hominum gloriam diligitur (1).

Eccl., 3.
(Pas de signature, ni de date).

Evidemment, Messieurs, j'étais plus savant qu'auparavant : je savais, que de son vivant, ce bon abbé de Sainte-Geneviève avait répondu au nom de Claude Rousselet, qu'il avait été docteur *in utroque jure* de la Faculté de Paris et supérieur général de la Congrégation de France, mais avouez que ma science était courte et insuffisante pour faire ouvrir à mon parent toutes grandes les portes de notre Musée municipal.

Quelle était au juste la vie de ce Claude Rousselet ? Par quelle filiation lui étais-je allié ? Quelle était la valeur

---

(1) Le texte exact de l'*Ecclésiastique* est : *Fili, in mansuetudine opera tua perfice et super hominum gloriam diligeris.* ECCLÉSIASTIQUE, chap. III, verset 19. Et c'est à titre d'appropriation personnelle qu'un écrivain inconnu a cru bon d'accommoder ce texte au sujet du tableau. Il a indiqué comme référence Eccl. III, pour faire entendre qu'il s'inspirait de l'idée contenue dans ce passage du texte sacré.

et l'origine de cette toile que je voulais donner à notre Musée ? Voilà autant de questions auxquelles j'avais hâte d'avoir une réponse.

Messieurs, j'ai ouï dire que l'amitié d'un savant est un bienfait des dieux —telle a toujours été et plus que jamais telle est ma conviction intime. — J'écrivis donc en toute confiance à mon ami M. Lucien Auvray, l'érudit bibliothécaire de la Nationale à Paris, pour le prier de me prêter ses lumières. M. L. Auvray, avec sa complaisance habituelle, m'envoya les indications suivantes :

« Claude Rousselet, chargé au xvIII^e siècle d'enseigner « la théologie dans plusieurs maisons de l'ordre des « Augustins réformés, dont Sainte-Geneviève était le « couvent abbatial. La biographie Didot (1) lui consacre « une petite note et le qualifie « d'historien français ». « Il est né à Pesmes (Franche-Comté), en 1725, il est mort « à Besançon, le 20 août 1807. Il fut appelé le Père « Pacifique. Il se livra avec succès à la prédication dans « la Franche-Comté et la Bourgogne. Pendant la Révolu-« tion, il vécut à Bourg, où il fut un des fondateurs de la « Société d'Emulation. Il a écrit une *Histoire et des-«cription de l'église royale de Brou* (2). (Paris, 1767 ; « Lyon, 1788, in-12, 5e édition ; Bourg, 1840). »

Cette note, Messieurs, me pénétra d'un respect ému pour le théologien Claude Rousselet, né à Pesmes, en 1725, et mort à Besançon, le 20 août 1807. Sans doute, j'étais un peu mortifié de voir que Didot et Michaud lui avaient, de leur propre autorité, supprimé son titre d'abbé, mais je me consolais avec son surnom de Père Pacifique. Si

---

(1) MICHAUD répète les mêmes renseignements.

(2) Cet ouvrage se trouve à la Bibliothèque municipale d'Orléans, in-12, avec un supplément renfermant des pièces justificatives, par PUVIS. Cet ouvrage est fort intéressant et relate des recherches curieuses.

belliqueux, soit-on, il faut bien reconnaître que ce n'est pas déjà si banal de posséder dans la galerie de ses ancêtres un Père Pacifique ; cela console quelque peu de n'avoir pas fait les croisades dans la personne de ses aïeux.

J'adressai donc, en tout bien tout honneur, l'hommage de ma reconnaissante admiration à l'image de ce bon Père de son vivant, Pacifique, et à laquelle les avatars de mes déménagements successifs avaient imposé après sa mort une destinée si mouvementée. Je saluai en elle « l'historien français », le prédicateur éloquent, le fondateur de la Société d'émulation de la capitale de la Bresse, l'auteur de la description de l'église de Brou quand, en fouillant à cette occasion mes « papiers de famille », je mis la main sur un opuscule de 11 pages portant ce titre (1) :

DISCOURS

Prononcé dans l'église de Montmartre, le 19 janvier 1808, par M. Fremin, chanoine honoraire de Notre-Dame et ancien chanoine régulier de la Congrégation de France, au moment de l'inhumation de M. Claude Rousselet, chanoine de l'église métropolitaine de Paris, archiprêtre et garde de l'église de Sainte-Geneviève, et ancien abbé de Sainte-Geneviève, en présence d'une députation du chapitre de Notre-Dame et des anciens chanoines-réguliers, demeurans à Paris.

« Et cette brochure m'apprit : que M. Claude Rousselet
« reçut le jour à Troyes, le 6 août 1731, fit ses études au
« collège de l'Oratoire, fut reçu parmi les chanoines
« réguliers de la Congrégation de France, qu'il eut pour

---

(1) De l'imprimerie de Dehaussy, cloître Saint-Benoît, n° 12.

« maître et ami M. de Gery (1) à qui il succéda dans la
« place de premier supérieur de la Congrégation, qu'il
« soutint plusieurs thèses de théologie, fut nommé pro-
« fesseur, puis chancelier de l'Université (années 1764
« à 1770).

« Il fut appelé à la charge de supérieur général de la
« Congrégation (2) (1784), et comme ses prédécesseurs fut

(1) Liste des abbés de Sainte-Geneviève, de 1754 à 1790, com-
muniquée par M. Kolher, bibliothécaire à la Bibliothèque Sainte-
Geneviève (Paris) :

Louis Chambert, 1754-1760. Raymond Rivoire, 1772-1778.
François Delorme, 1760-1766. Guillaume de Gery, 1778-1784.
Etienne Viollet, 1766-1772. Claude Rousselet, 1784-1790.

(2) M. Marcel Charoy, notre ancien président avec lequel ma
famille est en parenté par les Rousselet, a eu l'amabilité de me
communiquer la lettre suivante, autographe du chanoine Rousselet, à son cousin, M. Laurent, notaire à Beaugency, à l'occasion
de sa promotion à la charge d'abbé de Sainte-Geneviève et de
supérieur général des chanoines réguliers de la Congrégation de
France :

« *Paris, 21 octobre 1784.*

« Je vous fais, mon cher cousin, mes sincères remerciements
des témoignages que vous me donnez de votre souvenir à l'occasion de mon élection à la première place de ma congrégation.

« Je ne suis pas moins reconnaissant de l'intérêt que Mme Le
Gaigneulx, votre chère épouse et Mademoiselle sa sœur veulent
bien prendre à cet événement. Je vous prie d'être auprès d'elles
l'interprète de mes sentiments et surtout auprès de Madame votre
respectable belle-mère, qui a bien voulu prendre la peine d'ajouter quelques lignes de sa main dans votre lettre et à qui je vous
prie de communiquer celle-cy comme lui étant commune avec
vous.

« J'ai l'honneur d'être, avec le plus tendre attachement, mon
cher cousin.

« Votre obéissant serviteur et affectionné parent,

« ROUSSELET,
« Abbé de Sainte-Geneviève et supérieur général
des chanoines-réguliers de la Congrégation
de France.

« M. Laurent, notaire à Beaugency. »

« un Père sur le trône du Pontife » et alors son pané-
« gyriste lui applique la citation : *In mansuetudine*
« *opera sua perficiens, super hominum gloriam dili-*
« *gitur* (Eccl., 3). (Citation que nous avons retrouvée
« transcrite sur le revers de la toile, qui représente Claude
« Rousselet).

« La célèbre Ecole de Droit de Paris crut s'honorer elle-
« même, en priant l'abbé de Sainte-Geneviève de s'asseoir
« parmi ses docteurs.

« Il ressentit vivement la secousse violente qui renversa
« pour un temps et le trône et l'autel.

« Sa maxime fut : constamment souffrir avec patience
« et obéir à tout ce qui est juste.

« Il refusa de prêter le serment civique à la Constitu-
« tion civile du clergé, en 1790 (1) ».

----

(1) Féret (abbé). L'*Abbaye de Sainte-Geneviève*, t. II (1883),
p. 395.

DOCUMENT C.

Communiqué par M. Auvray

Déclaration de Rousselet, abbé.

« Je soussigné, Claude Rousselet, prêtre, chanoine régulier de
la Congrégation de France, ordre de Saint-Augustin, docteur en
droit de la Faculté de Paris, abbé de Sainte-Geneviève et supérieur général des chanoines réguliers de ladite Congrégation,
chef et général de tout l'ordre du Val-des-Ecoliers, déclare à
MM. les commissaires de la municipalité de Paris qu'ayant fait,
le 17 mars 1747, librement et volontairement ma profession canonique dans lad. Congrégation, à laquelle je suis toujours resté
inviolablement attaché et où je me suis efforcé de remplir de mon
mieux mes devoirs dans les différens postes qu'elle m'a fait
l'honneur de me confier, je me propose, avec le secours de Dieu,
de vivre et mourir dans la pratique de la règle que j'ai embrassée
et de demeurer fidèle aux saints engagements que j'ai contractés
au pied des autels ; qu'en conséquence, je suis dans la ferme
résolution de rester attaché à l'église et maison de Sainte-Geneviève, avec intention de continuer à y remplir les devoirs essen-

« Il refusa également de s'exiler et d'aller recevoir
« l'hospitalité dans une de ses riches abbayes sous la

---

tiels de mon état, et d'y faire, avec tout le zèle et l'exactitude
dont je suis capable, le service ecclésiastique que la piété et la
dévotion du peuple de la capitale demandent qu'on y entretienne,
me réservant expressément la jouissance de tous les droits hono-
rifiques, prérogatives et décorations extérieures qui appartiennent
à la dignité d'abbé de Sainte-Geneviève, que je ne pourrais cesser
de posséder que par la démission que j'en ferais suivant la forme
canonique.

« Déclare néanmoins que je ne prétends à l'exercice de la supé-
riorité et administration qui y est attachée, qu'autant qu'il me
serait librement déféré par les suffrages des membres qui compo-
seront cette maison, et que je croirais pouvoir accepter la marque
de confiance qu'ils me donneraient en cette occasion.

« En foi de quoi j'ai signé la présente déclaration comme conte-
nant l'expression sincère et véritable de mes sentiments.

« Fait en notre ditte abbaye de Sainte-Geneviève, le 15 mai 1790.

« ROUSSELET ».

A cette déclaration, nous joignons la lettre suivante communi-
quée par M. Marcel Charoy :

Paris, 13 mars 1792.

M. Cosson m'a remis, Monsieur et très cher Cousin, a son passage a Paris la lettre dont vous l'aviez chargé pour moi, je suis
bien reconnaissant des temoignages que vous m'y donnés de la
perseverance des sentimens de votre amitié et vous prie d'être
persuadé que les miens à votre égard, n'ont aussi eprouvé aucun
changement malgré la revolution qui en a amené de si grands
dans les choses et les opinions. Je suis toujours resté jusqu'a
présent ferme dans mon poste et ne le quitterai que lorsque j'y
serai forcé par les circonstances ou que je ne pourrai plus y rester
avec honneur, je puis vous assurer de plus que quelques rudes
que puissent être les epreuves par lesquelles il plaira au Seigneur
de continuer a nous faire passer, j'espère meme lorsque je serai
dans le cas de dire *tout est perdu* pouvoir ajouter : fors *l'honneur
et la religion*, et que l'on me trouvera jamais infidele a ma religion, a mon Roi, a ma patrie. Je ne suis point sorti d'Olivet pendant les dix-huit jours que j'ai passés avec ma sœur. Je n'aurais

« domination de l'Autriche, dont il serait de droit devenu
« le premier supérieur. Mon cher ami, répondit-il, au
« chanoine régulier Fremin qui le pressait d'accepter
« cette hospitalité, je suis sur la brèche, je n'en descen-
« drai pas. Je dois sortir d'ici le dernier et attendre qu'on
« me force de quitter ma maison. Il y resta, en effet, y
« courut les plus grands dangers, parut au milieu des
« assassins, qui respectèrent son aménité et sa douceur,
« au moment où rien n'était respecté. Sa retraite ne fut
« plus troublée depuis ce moment. Caché dans la maison
« de Sainte-Geneviève, devenue une bruyante solitude, il
« reçut enfin l'ordre de choisir un autre azyle, mais le
« département eut pour lui des égards en ce tems si
« orageux, c'était en 1794. »

« En 1806, il fut pourvu d'un canonicat dans l'Eglise

---

pas manqué d'aller vous rendre ma visite a Beaugency, si j'avais
trouvé l'occasion d'en faire le voyage, je vous prie d'assurer votre
chere Epouse des respectueuses civilites. M. Cosson m'a appris
que votre petite famille etait augmentée, comme aussi que vous
jouissiez dans le pays de toute la consideration et confiance que
vous meritez par la distinction et l'integrite avec lesquelles vous
remplissez les fonctions de votre office.

Si vous avez l'occasion de voir le respectable M. de Karadieuse,
vous me ferez plaisir de leur presenter les assurances de mon
souvenir, ainsy que de tout l'interet que je prends a son état
present.

Je suis avec les sentimens d'un tendre et inviolable attachement

Monsieur et très cher cousin,

Votre très humble et très obéissant serviteur,

ROUSSELET.

Abbé de Sainte-Geneviève.

Ces lettres sont d'une belle et ferme écriture courante, faciles à
lire, mais elles offrent ce caractère particulier, que le chanoine,
sans doute pressé par le temps, fait une grande économie d'ac-
cents et laisse au lecteur le soin d'y suppléer.

1..

« métropolitaine de Paris, par la bienveillance de
« M. le cardinal-archevêque. S. M. I. et R. daigna penser
« à lui et accompagna d'un mot honorable la nomination
« de M. Rousselet à la place d'archi-prêtre dans l'église
« de Sainte-Geneviève. Elle dit qu'il était juste qu'il
« rentrât le premier dans les lieux où il avait été le
« dernier supérieur. Il était donc bien aimé, ajouta
« l'Empereur, en approuvant notre empressement à le
« couvrir de nos soins, il convient de l'honorer. C'était
« nous récompenser tous.

« ... Il édifia le chapitre dont il avait l'honneur d'être
« un des membres. Il reçut de tous les respectables
« prêtres qui le composent, et de M. le cardinal-arche-
« vêque (1), en particulier, des témoignages de vénération
« et d'attachement...

« Accablé d'infirmités, ses derniers moments furent
« pleins de calme, il s'endormit en paix comme il avait
« vécu. »

Après cette trouvaille, je m'empressai d'écrire une
seconde lettre à mon ami M. Auvray, lui reprochant en
termes sévères, mais mesurés, de me faire vénérer « un
apocryphe » dans mon tableau de famille.

Le bibliothécaire de la Nationale me répondit qu'évi-
demment il avait existé, en même temps, dans la même
congrégation deux Rousselet gratifiés, tous deux au
baptême du même nom harmonieux de Claude. Le
Père Pacifique s'appelait Claude-François, et le non
Pacifique, le mien, s'appelait Claude tout court.

Pour de plus amples renseignements, il me conseillait
de m'adresser à M. Charles Kolher, conservateur des
manuscrits à la Bibliothèque Sainte-Geneviève, qui,

---

(1) Jean-Baptiste du Belloi, 1802 à 1808.

avec une amabilité dont je reste confus et dont mon ignorance a peut-être quelque peu abusé, m'a donné tous les renseignements demandés.

Il me confirma l'existence d'un Claude Rousselet, abbé de Sainte-Geneviève, de 1784 à 1790, et m'apprit, au surplus, que la Congrégation de France est l'ordre des Augustins de France, réformé au xvıı° siècle, par le cardinal François de la Rochefoucauld.

L'abbaye de Sainte-Geneviève (aujourd'hui lycée Henri IV) était chef de cet ordre.

La Congrégation fut établie en vertu d'une ordonnance de 1624. La Révolution trouva l'abbaye très prospère matériellement et moralement. L'abbé de Sainte-Geneviève, élu de trois en trois ans, était en même temps supérieur général de la Congrégation. Les religieux Génovéfains s'appelaient chanoines-réguliers de la Congrégation de France (1).

---

(1) *Titres et ouvrages de Claude Rousselet in Catalogue des Manuscrits de la Bibliothèque de Sainte-Geneviève*, par Ch. KOLHER, bibliothécaire à la Bibliothèque Sainte-Geneviève.

Titres de Rousselet (Claude) : professeur du 9 mars 1749 à Sainte-Geneviève, ancien chancelier de Sainte-Geneviève et de l'Université, prieur de Saint-Louis-la-Culture, à Paris, titulaire de l'hôpital de Saint-Germain de Châtillon-sur-Seine, visiteur d'Aquitaine en 1776, visiteur de France en 1780, nommé abbé de Sainte-Geneviève et supérieur de la Congrégation en 1784.

Ecrits autographes de Claude Rousselet.

Discours de réception comme chancelier de l'Université pour Sainte-Geneviève.

Registre universitaire.

Un Cours de philosophie rédigé par lui : *Philosophia ad usum scholæ accommodata*, en 3 volumes ; au premier feuillet du premier volume, nous dit M. Kolher, on lit : *Hæc philosophia nobis a Reverendo admodum Patre Canto, doctissimo philosophiæ professore, tradita est, anno reparatæ salutis 1746 et 1747, et a me Claudio Rousselet, conscripta.*

Les thèses de philosophie de Cl. Rousselet : *Theses philoso-*

En 1754, Louis XV autorisa la construction d'une église monumentale, depuis longtemps sollicitée par les religieux. La crypte était achevée par Soufflot, le 9 juin 1763, la première pierre fut posée par le roi, le 6 septembre de l'année 1764.

Quand la Révolution éclata, le monument n'était point terminé ; en 1791, il prit le nom de Panthéon.

En vertu d'un décret du 1er mai 1802, les bâtiments de l'abbaye furent affectés à l'installation d'un lycée qui s'est appelé tour à tour Napoléon, Corneille et Henri IV.

Le Panthéon fut rendu au culte le 20 février 1806 ; le soin de la desservir fut confié à six chapelains de Notre-Dame, mais le décret de 1806 ne fut mis à exécution qu'en 1821. En 1830, l'église de Sainte-Geneviève devient de nouveau Panthéon ; 1851 la dépanthéonise, et, en 1852, une communauté de chanoines, entretenus aux frais de l'Etat, la dessert.

En 1882, le traitement des chanoines cesse d'être inscrit au budget et, en 1885, Sainte-Geneviève redevient de nouveau Panthéon.

La bibliothèque des Génovéfains a été recueillie dans la bibliothèque actuelle dite de Sainte-Geneviève, dont la première pierre fut posée en 1844 (1).

---

phicæ : Has theses, Deo duce et auspice Dei-parâ, propugnabit Claudius Rousselet tricassinus, in aulâ collegii Treco-Pithœani sacerdotum Oratorii Domini Jesu, die Veneris II Augusti, anno Domini 1747 (il avait, par conséquent, 16 ans, étant né en 1731).

Demande adressée au P. Rousselet, chancelier, par Patrice Bevlau, candidat aux examens de la licence ès-arts, 10,055. E.

Didot et Michaud, qui consacrent un article biographique à Claude-François Rousselet, né à Pesmes et mort à Besançon, ignorent Claude Rousselet, né à Troyes, mort à Paris, comme abbé de Sainte-Geneviève.

(1) A consulter : *L'abbaye de Sainte-Geneviève et la Congré-*

Tandis que je recevais ces renseignements de MM. Auvray et Kolher, notre savant bibliothécaire, M. Cuissard, dont la complaisance est inlassable, et qui voulait bien s'intéresser à mes recherches, de son côté, écrivait à la mairie de Pesmes, pour en retirer une copie de l'acte de baptême de Rousselet (Claude-François), et, à l'hôtel de ville de Besançon, pour avoir son acte de décès (1).

gation de France, par l'abbé J. FERET, ancien chapelain de Sainte-Geneviève, Paris, Champion 1883, 3 vol. in-8 ; abbé LEBEUF : Histoire de la Ville et de tout le diocèse de Paris ; Rectifications et additions, par F. BOURNON, Paris, 1890.

HAUTE-SAONE (1) **MAIRIE DE PESMES**

ARRONDISSEMENT

DE

GRAY

Extrait de l'acte de baptême de ROUSSELET Cl^de Fr^ois

TRADUCTION

Claude-François, fils de Pierre-Antoine ROUSSELET et de Françoise DESOGEME, son épouse, est né le 28 janvier 1727.

Les parrain et marraine sont : Claude-François CHARLES et demoiselle Benigne DELABORDE.

Monsieur Boussadon étant curé

Pour copie conforme :

Pesmes, le 19 novembre 1903.

Le Maire de Pesmes,

MOUILLON.

ÉTAT CIVIL **MAIRIE DE BESANÇON**

—

BULLETIN

DE

DÉCÈS

Du 20 août 1807

Acte de décès de M. Claude-François ROUSSELET, ex-religieux Augustin, pensionné, fils de furent Rousselet ......?, né à Pesmes (Haute-Saône), décédé à Besançon, le 20 août 1807, à l'âge de soixante-douze ans.

(Délivré pour renseignements.)

Rousselet (Claude-François) étant né en 1727, il avait, quand il mourut, en 1807, 80 ans ; par conséquent, l'état civil de Besançon, le 20 août 1807, mal renseigné, fit une erreur et supprima huit ans d'âge au « Père Pacifique ».

La Mairie de Troyes, où est né Claude Rousselet, le dernier abbé de Sainte-Geneviève, dont les traits sont reproduits sur le tableau qui a été le point de départ de ces recherches, nous a donné très complaisamment les renseignements demandés. Nous avons ainsi pu reconstituer la généalogie de Claude Rousselet et suivre la filière de notre parenté avec ce très arrière-grand-oncle (1) :

Nous transcrivons ici la lettre que M. le Maire de Pesmes voulut bien écrire à M. Cuissard. Nous nous ferons un véritable plaisir de lui envoyer un exemplaire de notre travail, si la Société lui fait les honneurs de l'impression. Pesmes connaîtra ainsi les gloires pacifiques de son fils Claude-François Rousselet.

Pesmes, le 18 novembre 1903.

MONSIEUR,

J'ai l'honneur de vous adresser, sous ce pli, suivant votre désir, l'extrait de baptême de Rousselet (Claude-François).

Les habitants de Pesmes ignorant complètement que leur compatriote ait acquis un nom dans l'histoire, je vous serais reconnaissant, si toutefois vous n'y voyez pas d'inconvénient, de me faire connaître très succinctement comment Rousselet s'est rendu illustre.

Veuillez agréer, Monsieur, l'expression de mes sentiments distingués.

Le Maire de Pesmes,

(Signature illisible).

(1) Jean Rousselet, de Troyes, épouse Claudée Méalet et a neuf enfants.

Années de la naissance.

1o 1731. 6 août. — Claude Rousselet, dernier abbé de Sainte-Geneviève, mort à Paris, le 17 janvier 1808, à l'âge de 77 ans ;

2o 1732. 27 novembre. — Remy Rousselet ;

3o 1734. 4 février. — Claudée Rousselet (fille) ;

Le panégyrique de l'abbé Claude Rousselet, dernier abbé de Sainte-Geneviève, qui m'a permis de reconstituer sa vie, porte, écrit à la main, en en-tête de la première page, le nom de Mme Vallée-Dunant née Louise Rousselet, cette dernière est une des sœurs du chanoine Claude Rousselet; elle avait épousé, en premières noces, un monsieur Bruère, propriétaire, et en secondes noces

4° 1735. 21 mai. — Louise Rousselet, décédée veuve Vallée-Dunant, à Orléans, le 21 mars 1822, à l'âge de 87 ans :

5° 1737. 5 août. — Marie Rousselet ;

6° 1728. 23 décembre. — Jean-Baptiste Rousselet ;

7° 1739. 1er septembre. — Anne Rousselet ;

8° 1742. 6 janvier. — Marie-Louise Rousselet ;

9° 1744. 4 janvier. — Marie-Élisabeth Rousselet, épouse le 5 février 1772, Jean-Baptiste Mathieu.

Du mariage de Jean-Baptiste Mathieu avec Mlle Rousselet (Marie-Élisabeth), naît une demoiselle Mathieu qui épouse M. Poisson, de Janville, mon arrière-grand-père.

—

Jean Rousselet, négociant à Troyes, épouse, en 1730, Claudée Mealet, et en a neuf enfants.

—

L'aîné de ces enfants est Claude Rousselet, dernier abbé de Sainte-Geneviève.

La neuvième de ces enfants est Marie-Élisabeth Rousselet, née en 1744, qui épouse, en 1772, Jean-Baptiste Mathieu.

—

De ce mariage naît une demoiselle Mathieu qui épouse M. Poisson, notaire à Janville.

—

Du mariage Poisson-Mathieu naît une demoiselle Mélanie Poisson, qui épouse M. Fauchon, notaire à Gommerville.

—

De ce mariage naît M. Émile Fauchon, notaire à Sainville, qui épousa Mlle E. Courty.

—

De ce mariage naît le possesseur actuel du tableau, qui fait le sujet de cette notice.

un monsieur Vallée-Dunant, doyen des notaires d'Orléans. Elle mourut, à Orléans, en 1822 (1). Comme à la première page du panégyrique, on lit le nom de Mme Vallée-Dunant, il faut en conclure, qu'à la mort de cette dernière, ce panégyrique revint en héritage à ma grand'-mère avec le portrait du chanoine.

Comment ce tableau échut-il à Louise Rousselet et non à Remy Rousselet ou Claudée Rousselet, ses aînés? Je l'ignore ; peut-être ceux-ci étaient-ils décédés et Louise Rousselet, qui s'appelait alors Mme Vallée-Dunant, devenait, de ce fait, l'héritière la plus directe de son frère aîné.

En tout cas, pour que le portrait du dernier abbé de Sainte-Geneviève, né à Troyes, et de son vivant habitant à Sainte-Geneviève de Paris où il mourut, vînt échouer à Orléans, ne fallut-il rien moins que la grande secousse révolutionnaire qui dispersa, en 1790, les chanoines

---

(1) Rousselet (Louise). — N° 296. — 1822.

Aujourd'hui, lundi 1er avril 1822, à 9 heures du matin, par devant Nous, François de Noury, écuyer, adjoint à la Mairie d'Orléans, sont comparus en l'hôtel de la Mairie, MM. Ch. Bordas, notaire royal, âgé de 35 ans, et Louis-François Méau, clerc de notaire, âgé de 24 ans, demeurant à Orléans, l'un rue de l'Evêché, n° 6, l'autre rue de Recouvrance, n° 27, tous deux amis de dame Louise Rousselet, âgée de 87 ans, née à Troyes (Aube), domiciliée à Orléans, cloître Saint-Sulpice, n° 10, veuve en premières noces du sieur Ecau-François Bruère, propriétaire et en deuxièmes noces de M. Louis-Jacques Vallée-Dunant, doyen des notaires d'Orléans, fille de feus Jean Rousselet. négociant, et de dame Claudée Meallet, lesquels comparans nous ont déclaré que la dite dame Louise Rousselet est morte, hier, à 6 heures du matin, dans son dit domicile.

De laquelle déclaration nous avons dressé le présent acte que les dits comparans ont signé avec nous lecture faite. Signé : Bordas, Méau, Noury.

(*Copie de l'acte de décès de Mme Vallée-Dunant, qui se trouve aux archives de l'hôtel de ville d'Orléans.*)

réguliers de Sainte-Geneviève et en abolit l'ordre et il fallut, d'autre part, que la sœur héritière de ce tableau épousât un Orléanais, M. Vallée-Dunant, notaire à Orléans.

Mais pour que ce tableau tombât entre les mains de votre collègue et qu'il fût loisible à ce dernier de le donner au Musée municipal de notre ville, Jean Rousselet et dame Claudée Méalet, sa légitime épouse, durent consentir à avoir neuf enfants, car c'est par cette neuvième et dernière enfant, Mlle Marie-Elisabeth Rousselet, que ma famille est devenue parente des Rousselet et qu'un arrière-neveu Fauchon, a reçu, en justes partages, le portrait d'un arrière-grand-oncle, dont il ignorerait encore le nom et les actes, si deux jeunes écoliers, se révélant peintres avant l'âge, ne s'étaient pas avisés de placer irrespectueusement une mouche à l'extrémité du uez du vénérable abbé de Sainte-Geneviève.

Et si l'un de mes concitoyens, en visitant le Musée de peinture d'Orléans, éprouve quelque satisfaction à contempler cette toile qui ne manque pas de valeur, il devra se dire qu'il doit ce plaisir à une mauvaise farce d'écolier.

Et voilà, Messieurs, comme quoi certains effets sont engendrés par de bien petites causes.

. . . .

Pour retrouver la trace des ouvrages de Claude Rousselet, je me suis servi du *Catalogue des manuscrits de la Bibliothèque de Sainte-Geneviève*, de M. Kohler.

Or, en cherchant à la table les indications voulues, au nom de Rousselet (Claude), je trouve, vivant à la même époque, trois Claude Rousselet :

Rousselet (Claude), génovefain, dit le Père Pacifique ;

Rousselet (Claude), génovefain, le mien, dernier abbé de Sainte-Geneviève ;

Charles de l'Orme — en trois mots. — Pourquoi ce changement de nom de baptême et d'orthographe ? Mystère ! (1).

Je savais donc, Messieurs, grâce à des recherches qui me furent singulièrement facilitées par MM. Cuissard, Auvray et Kolher, de quel personnage j'offrais les traits au Musée de ma ville, et à M. Didier, son directeur, je

---

nous croyons devoir nous élever contre une telle calomnie, et pour la détruire en entier, nous attestons et certiffions que ce qui a été advancé à cet égard contre ledit sieur Delorme est absolument faux et contre la vérité, que dans touttes les occasions et touttes les maisons où nous nous sommes trouvé avec luy, il n'a jamais donné dans aucun excès et qu'il s'est toujours comporté dans tout avec toutte la prudence, la circonspection et la régularité convenable non seulement à un religieux, mais encore à l'honneste homme, que partout il estoit honnoré, aimé et chéri, bienfaisant et obligeant envers tous. En foy de quoi nous avons signé à Baugency, ce dix-huit juillet mil sept cent soixante-un.

ROUSSELLET,
SARREBOURCE D'EGUILLY.

(Signatures autographes.)

(1) Noms des Roussellet, de Beaugency, dont on retrouve la trace dans l'ouvrage de PELLIEUX, *Essais historiques sur Beaugency*, 2 vol.

Jean Roussellet, échevin, 1620. Tome II, p. 359.

    —   —   1661.   —

Nicolas Rousselet, 1676.   —

    —   1686.   —

Claude Rousselet, 1738.   —

Jean-Marie Rousselet, 1758, p. 257.

Jean Roussellet, prévôt, 1466, p. 368.

Jacques Rousselet, conseiller, 1650, p. 372.

Claude Roussellet, conseiller, 1779, p. 372.

Jean-Marie Roussellet, receveur des gardes-marteaux des Eaux et Forêts, 1750, p. 376.

Jean Roussellet, 1786, p. 376.

Jean Roussellet, Président du grenier à sel, 1789, p. 378.

pouvais dire : ce chanoine auquel je vous demande de vouloir bien donner l'hospitalité, il porte tel nom et il a fait telles choses ; mais restait une lacune à combler.

De quel peintre était la toile ? de quelle époque datait-elle ? avait-elle une valeur quelconque ?

D'après le cadre et la facture, ce portrait me semblait devoir dater de l'époque de Louis XVI, et sortir de la palette d'un peintre de talent.

Dans ma première lettre à M. Auvray, je lui fis une description sommaire du portrait dont je supprimais par la pensée les mouches additionnelles, et le savant bibliothécaire de la Nationale me répondit qu'il existait au département des estampes, un portrait de Claude Rousselet, gravé (1) par Noël le Mire, d'après J.-B. Robin (2), peintre du roi, 1786 : « Le personnage, m'écrit M. Au-« vray, porte les mêmes titres que sur la toile dont vous « avez enrichi le Musée d'Orléans.

« Rousselet est vêtu du surplis blanc (que portaient « encore l'année dernière les religieux Augustins) avec « une croix sur la poitrine (ce doit être la croix abbatiale) ».

---

(1) Le Mire (Noël), graveur, né à Rouen, en 1723, mort à Paris, en 1801, un des élèves distingués de Lebas.

Il employait la pointe sèche avec une fermeté rare, et cependant avec beaucoup d'aisance et de souplesse : il a surtout réussi dans les vignettes. On ne pouvait y mettre plus d'esprit que lui.

Parmi divers portraits, le portrait de Rousselet, abbé de Sainte-Geneviève, est noté.

F.-E. JOUBERT, l'*Amateur d'Estampes*, Paris, 1821, tome II, page 207.

(2) Robin (Jean-Baptiste-Claude), peintre d'histoire, né à Paris, le 24 juillet 1734, mort à Chouzy (Loir-et-Cher), en novembre 1818.

Salon 1785. M. Rousselet, abbé de Sainte-Geneviève et supérieur général de la Congrégation de France.

Dictionnaire général des artistes de l'Ecole française, par Emile BELLIER DE LA CHAVIGNERIE et Louis AUVRAY, Paris, 1885.

M. Didier ayant fait prendre une photographie du portrait, je l'envoyai à notre concitoyen et M. Auvray me répondit : « Au reçu de la photographie jointe à votre « lettre, j'ai tout de suite reconnu la gravure que je vous « avais signalée. Je suis retourné voir cette gravure « pour constater plus sûrement encore l'identité. Entre « le tableau et le portrait gravé, il n'y a qu'une différence « qui, d'ailleurs, s'explique d'elle-même : dans le tableau « la tête est tournée à gauche, à droite dans la gravure.

« Que vous ayez l'original de Robin, cela paraît infini- « ment probable, sinon il faudrait supposer qu'il a été « fait anciennement une copie du tableau de Robin et que « cette copie, non l'original, serait restée dans la famille, « c'est bien peu vraisemblable. »

Ce qu'il y a de sûr, c'est que le tableau de Robin a figuré au Salon de 1785 : Je lis, en effet, dans le livret de cette année, à la page 34 :

« M. ROBIN, censeur royal agréé.

PORTRAITS

« 141. M. Rousselet, abbé de Sainte-Geneviève et « supérieur de la Congrégation de France ».

Suit une appréciation très favorable du portrait, autant qu'on en puisse juger par la photographie.

J'avais alors, Messieurs, les données suffisantes pour pouvoir décemment remettre cette toile entre les mains de notre distingué collègue, M. Didier. Le directeur de notre Musée de Peinture voulut bien offrir à mon très arrière grand-oncle une brillante hospitalité et lui assurer pour toujours, sans doute, un repos qu'il avait bien mérité à la suite d'une vie aussi agitée..... même après la mort.

MESSIEURS,

J'ai hésité à vous lire une notice qui m'est peut-être un peu bien personnelle et où il est parlé tout au long d'un personnage qui n'est point né à Orléans, qui n'y a pas vécu et n'y est même pas décédé.

Des membres de notre Société ont triomphé de mes scrupules en faisant remarquer que la famille du chanoine Rousselet habitait Orléans depuis un siècle, que le chanoine lui-même allait devenir Orléanais, puisque en la personne de son portrait, il avait élu domicile en notre cité. Ce portrait, ont-ils ajouté, dû au pinceau d'un peintre estimé, se pouvant voir en notre Musée municipal, il est intéressant de retrouver la trace de la vie et des œuvres de celui qu'il représente.

Grâce à la généalogie des Rousselet qu'a bien voulu me communiquer notre collègue, M. Marcel Charoy, je puis encore invoquer ce fait que Claude Rousselet est un des descendants de Jacquin Rousselet, échevin d'Orléans, en 1445.

En faveur de l'intention, vous voudrez bien peut-être, Messieurs, me pardonner mon long verbiage.

9 782329 264592